Eine gute Suppe wärmt das Herz.

Alfred Biolek

Inhalt

Rezeptinfos

5 **SmartPoints Wert pro Person / Glas / Stück**

Fertig in
Hier sind alle Vorbereitungsschritte, Marinier-, Gar- und Backzeiten eingerechnet.

Davon aktiv
Diese Zeitangabe sagt dir, wie lange du wirklich mit Schnippeln und Rühren beschäftigt bist.

vegetarisch

vegan

glutenfrei

laktosefrei

nussfrei

So geht's
QR-Code scannen und Einkaufslisten entdecken.

Nicole, -13 kg

Jetzt
WW
erleben:
ww.com

WW Freestyle – erlebe es!

Das Abnahme-Programm, das genau zu dir passt.

Mit WW Freestyle erreichst du dein Abnahme-Ziel schnell, einfach und langfristig! Unsere bewährten SmartPoints® sowie zahlreiche Produkte und Services helfen dir dabei.

Um erfolgreich abzunehmen, erhält jeder ein individuelles tägliches SmartPoints® Budget sowie ein zusätzliches Wochenextra. Jedes Lebensmittel hat einen SmartPoints® Wert, zusätzlich stehen dir über 200 ZeroPoint™ foods zur Verfügung, die die Basis für eine ausgewogene Ernährung bilden. Du musst sie weder zählen noch abwiegen – einfach nur genießen! Welche Lebensmittel du wählst, bleibt ganz dir überlassen – solange sie in dein SmartPoints® Budget passen. So kannst du immer essen, was du liebst!

Neugierig geworden?

Unter ww.de erfährst du mehr über WW Freestyle und wie du mit dem Programm Richtung Wunschgewicht starten kannst.

Einfach lecker kochen

Unser umfangreiches Kochbuch-Sortiment bietet dir zu einer Vielzahl an Themen leckere Rezepte, die du unbedingt probieren musst. Hier findest du immer ein passendes Gericht, egal ob du für dich, die Familie oder Freunde kochst, es schnell gehen muss oder du etwas Besonderes suchst.

Alle Rezepte sind sorgfältig getestet, sodass sie immer gelingen und einfach gut schmecken. Zusätzlich findest du in jedem Buch praktische Infos rund ums Thema Kochen.

Die Kochbücher sind im Buchhandel erhältlich. Und unter **www.weightwatchers-shop.de/buecher-magazin/kochbuecher** findest du noch mehr!

Köstliche Suppen & Eintöpfe

Frische Erbsensuppe mit Räuchertofu

Für 2 Personen Fertig in 30 Min. Davon aktiv 20 Min.

2 Frühlingszwiebeln
1/2 Stange Lauch
2 kleine Karotten
1 rote Chilischote
1 Knoblauchzehe
150 g Räuchertofu
1/4 Bund Petersilie
2 TL Rapsöl
500 ml Gemüsebrühe
(2 TL Instantpulver)
200 g Erbsen (TK)
Salz, Pfeffer
2 EL Limettensaft

1 Frühlingszwiebeln mit Lauch waschen und schräg in feine Ringe schneiden. Karotten schälen und fein würfeln. Chilischote waschen, entkernen und in Ringe schneiden. Knoblauch hacken. Tofu würfeln. Petersilie waschen, trocken schütteln und hacken.

2 1 TL Öl in einem Topf auf mittlerer Stufe erhitzen und Karottenwürfel mit Lauchringen darin 2–3 Minuten anbraten. Knoblauch, drei Viertel der Chilischote und der Frühlingszwiebelringe dazugeben und ca. 2 Minuten mitbraten. Gemüse mit Brühe ablöschen und mit Deckel ca. 5 Minuten garen.

3 Erbsen zur Suppe geben, Suppe kräftig mit Salz und Pfeffer würzen und mit Limettensaft verfeinern. Erbsensuppe ca. 5 Minuten köcheln lassen. Restliches Öl in einer Pfanne auf mittlerer Stufe erhitzen und Tofuwürfel darin 3–5 Minuten rundherum braten. Erbsensuppe mit Petersilie, restlichen Chili- und Frühlingszwiebelringen bestreuen und mit Tofuwürfeln garniert servieren.

2 **SmartPoints Wert** 1279 kJ | 306 kcal

Würziger Gyroseintopf

Für 2 Personen Fertig in 35 Min. Davon aktiv 20 Min.

1 Zwiebel
2 Tomaten
250 g braune Champignons
1 rote Paprika
350 g Schweinefilet
30 g entsteinte grüne Oliven in Lake
1 TL Rapsöl
Salz, Pfeffer
1 TL Paprikapulver
2 TL gehackter Oregano
1/2 TL getrockneter Thymian
2 TL Tomatenmark
300 ml Gemüsebrühe (1 1/2 TL Instantpulver)
1 EL Frischkäse, bis 5 % Fett absolut

1 Zwiebel schälen, Tomaten waschen und beides würfeln. Champignons trocken abreiben und in Scheiben schneiden. Paprika waschen, entkernen und in Würfel schneiden. Schweinefilet trocken tupfen und in Streifen schneiden. Oliven hacken.

2 Öl in einem Topf auf mittlerer bis hoher Stufe erhitzen und Zwiebelwürfel mit Schweinefiletstreifen darin ca. 5 Minuten anbraten. Mit Salz, Pfeffer und Paprikapulver würzen und mit 1 TL Oregano und Thymian verfeinern.

3 Tomatenmark, Champignonscheiben und Paprikawürfel dazugeben, kurz mitbraten, mit Brühe ablöschen, Tomatenwürfel dazugeben und mit Deckel ca. 10 Minuten köcheln lassen. Gyroseintopf mit Frischkäse verfeinern und mit Oliven und restlichem Oregano bestreut servieren.

4 **SmartPoints Wert** 1401 kJ | 335 kcal

Für ein cremiges Topping ...

... garniere den Gyroseintopf zusätzlich mit 1 EL Schmand.
Der SmartPoints Wert pro Person erhöht sich auf 5.

Cremige Kürbissuppe mit Cashewnüssen

Für 2 Personen **Fertig in 35 Min.** **Davon aktiv 25 Min.**

1/2 Butternutkürbis (ca. 500 g)
1 Zwiebel
1 süßlicher Apfel (z. B. Gala)
1 Stück Ingwer (ca. 2 cm)
25 g Cashewnüsse
1 TL Olivenöl
500 ml Gemüsebrühe (2 TL Instantpulver)
Salz, Pfeffer
1 Prise geriebene Muskatnuss
1 TL Chiliflocken
30 g Crème légère

1 Kürbis schälen, halbieren und Kerne mit einem Löffel entfernen. Zwiebel schälen. Apfel vierteln, entkernen, schälen und mit Kürbis und Zwiebel in Würfel schneiden. Ingwer schälen und hacken. Cashewnüsse hacken.

2 Öl in einem Topf auf mittlerer Stufe erhitzen und Ingwer mit Zwiebel-, Kürbis- und Apfelwürfeln darin 5–8 Minuten anbraten. Mit Brühe ablöschen und ca. 15 Minuten köcheln lassen.

3 Cashewnüsse fettfrei in einer Pfanne auf mittlerer Stufe 2–3 Minuten rösten. Suppe pürieren, mit Salz und Pfeffer würzen und mit Muskatnuss, Chiliflocken und Crème légère verfeinern. Kürbissuppe mit Cashewnüssen bestreuen und nach Wunsch mit Kerbel garniert servieren.

4 **SmartPoints Wert** 1100 kJ | 263 kcal

Pikante Grünkohlsuppe

Für 4 Personen   Fertig in 80 Min.   Davon aktiv 20 Min.

1 Gemüsezwiebel
400 g festkochende Kartoffeln
2 kg Grünkohl (frisch oder TK)
1 TL Olivenöl
1 Lorbeerblatt
2 Nelken
1,8 Liter Gemüsebrühe (2 EL Instantpulver)
Salz, Pfeffer
1 Msp. Piment
1/2 TL geriebene Muskatnuss
1 Msp. geräuchertes Paprikapulver
1/2 TL Cayennepfeffer
80 g Salami
2 EL Sojacreme, bis 17 % Fett

1 Zwiebel mit Kartoffeln schälen und würfeln. Grünkohl ggf. waschen, trocken schleudern und hacken. Öl in einem Topf auf mittlerer Stufe erhitzen und Zwiebelwürfel darin ca. 2 Minuten anbraten. Grünkohl dazugeben und zusammenfallen lassen bzw. auftauen.

2 Kartoffelwürfel, Lorbeerblatt und Nelken dazugeben, mit Brühe ablöschen und mit Salz, Pfeffer, Piment, Muskatnuss, Paprikapulver und Cayennepfeffer würzen. Grünkohlsuppe mit Deckel unter gelegentlichem Rühren ca. 60 Minuten garen.

3 Salami in Streifen schneiden. Lorbeerblatt und Nelken aus der Suppe entfernen, mit Sojacreme verfeinern und mit Salz und Pfeffer abschmecken. Pikante Grünkohlsuppe mit Salamistreifen bestreuen und servieren.

5 SmartPoints Wert   1773 kJ | 424 kcal

So schmeckt's auch

Du magst es lieber vegetarisch? Dann verfeinere die Suppe statt mit Salami mit 200 g Räuchertofu in Würfeln, den du mit den Kartoffelwürfeln und Gewürzen zur Suppe gibst. Die SmartPoints ändern sich nicht.

Kartoffel-Lauch-Suppe mit Geflügelbrust

Für 4 Personen Fertig in 45 Min. Davon aktiv 20 Min.

1 Stange Lauch
500 g mehligkochende Kartoffeln
250 g Karotten
1 Knoblauchzehe
200 g Geflügelbrustaufschnitt
2 TL Halbfettmargarine
500 ml Geflügelbrühe (2 TL Instantpulver)
2 EL Mehl
200 ml entrahmte Milch
250 ml Cremefine zum Kochen, 15 % Fett
Salz, Pfeffer
2 EL gehackte Petersilie

1 Lauch waschen und in Ringe schneiden. Kartoffeln und Karotten schälen und in Würfel schneiden. Knoblauch hacken und Geflügelbrustaufschnitt in Streifen schneiden.

2 Margarine in einem Topf auf hoher Stufe erhitzen und Lauchringe, Kartoffel-, Karottenwürfel, Knoblauch und Aufschnittstreifen darin 2–3 Minuten anbraten. Mit Brühe ablöschen und auf niedriger Stufe ca. 15 Minuten köcheln lassen.

3 Mehl mit Milch verrühren, mit Cremefine zur Suppe geben und weitere ca. 10 Minuten köcheln lassen. Kartoffel-Lauch-Suppe mit Salz und Pfeffer abschmecken und mit Petersilie bestreut servieren.

8 **SmartPoints Wert** 1339 kJ | 320 kcal

Orientalischer Lammeintopf

Für 4 Personen   Fertig in 50 Min.   Davon aktiv 20 Min.

160 g trockener Bulgur
Salz, Pfeffer
480 g Lammfilet
1 Knoblauchzehe
1 Zwiebel
4 grüne Paprika
1 Dose Kichererbsen (265 g Abtropfgewicht)
2 TL Rapsöl
2 EL Tomatenmark
400 g stückige Tomaten (Konserve)
200 ml Gemüsebrühe (1 TL Instantpulver)
1 EL Rosinen
1/2 Granatapfel
1 Prise Zimt
1/2 TL Kreuzkümmel
2 TL gehackte Minze

1 Bulgur nach Packungsanweisung in Salzwasser garen. Lammfilet trocken tupfen und würfeln. Knoblauch pressen. Zwiebel schälen und würfeln. Paprika waschen, entkernen und würfeln. Kichererbsen abspülen und abtropfen lassen.

2 Öl in einem Topf auf hoher Stufe erhitzen und Lammfiletwürfel mit Knoblauch darin ca. 5 Minuten rundherum braten. Salzen, pfeffern und herausnehmen. Zwiebel- und Paprikawürfel im Bratensatz kurz anbraten. Tomatenmark zufügen und anschwitzen. Mit Tomaten und Brühe ablöschen, Kichererbsen und Rosinen zufügen und ca. 25 Minuten garen.

3 Granatapfelkerne herauslösen, mit Lammfiletwürfeln und Bulgur unter den Eintopf heben und kurz erwärmen. Mit Salz, Pfeffer, Zimt und Kreuzkümmel abschmecken. Orientalischen Lammeintopf mit Minze bestreut servieren.

8 SmartPoints Wert   2132 kJ | 510 kcal

Wärmende Fenchelsuppe

Für 2 Personen **Fertig in 30 Min.** **Davon aktiv 10 Min.**

1/2 Knollensellerie
100 g mehligkochende Kartoffeln
1 Zwiebel
1 Knoblauchzehe
1 TL Olivenöl
500 ml Gemüsebrühe (1 TL Instantpulver)
300 ml entrahmte Milch
1 kleine Fenchelknolle
1 Zitrone
1 Prise geriebene Muskatnuss
2 EL Crème légère
Salz, Pfeffer

1 Sellerie, Kartoffeln und Zwiebel schälen und alles würfeln. Knoblauch in Scheiben schneiden. Öl in einem Topf auf mittlerer Stufe erhitzen und Zwiebelwürfel mit Knoblauchscheiben darin ca. 5 Minuten andünsten.

2 Sellerie- und Kartoffelwürfel mit Brühe und Milch zugeben und auf mittlerer Stufe ca. 10 Minuten garen. Fenchel waschen, halbieren, den Strunk entfernen und Fenchel in Streifen schneiden. Fenchel zur Suppe geben und weitere ca. 10 Minuten garen.

3 Zitrone auspressen. Suppe pürieren, mit Zitronensaft, Muskatnuss und Crème légère verfeinern und mit Salz und Pfeffer abschmecken. Wärmende Fenchelsuppe servieren.

5 **SmartPoints Wert** 978 kJ | 234 kcal

Paprika-Linsen-Suppe mit Kokosmilch

Für 2 Personen Fertig in 30 Min. Davon aktiv 15 Min.

150 g trockene rote Linsen
3 rote Paprika
1 Zwiebel
1 Frühlingszwiebel
1 kleine rote Chilischote
1 Stück Ingwer (ca. 2 cm)
4 Stängel Koriander
1 TL Olivenöl
80 ml fettreduzierte Kokosmilch
400 ml Gemüsebrühe (2 TL Instantpulver)
Salz, Pfeffer
2 TL Limettensaft

1 Linsen nach Packungsanweisung in Wasser garen. Paprika waschen, entkernen und würfeln. Zwiebel schälen und würfeln. Frühlingszwiebel mit Chilischote waschen, Chilischote entkernen und mit Frühlingszwiebel in Ringe schneiden. Ingwer schälen und fein hacken. Koriander waschen, trocken schütteln und hacken.

2 Öl in einem Topf auf mittlerer bis hoher Stufe erhitzen und Zwiebel- mit Paprikawürfeln, Chiliringen und Ingwer darin ca. 10 Minuten anbraten. Linsen zufügen, mit Kokosmilch und Brühe ablöschen und ca. 5 Minuten köcheln lassen.

3 Suppe mit Salz und Pfeffer würzen und mit Limettensaft verfeinern. Paprika-Linsen-Suppe mit Frühlingszwiebelringen und Koriander bestreut servieren.

3 SmartPoints Wert 1846 kJ | 441 kcal

Romanesco-Geflügel-Topf

Für 2 Personen Fertig in 40 Min. Davon aktiv 20 Min.

300 g Putenschnitzel
1/2 rote Chilischote
400 g festkochende Kartoffeln
1 Romanesco (ca. 700 g)
1 TL Olivenöl
Salz, Pfeffer
1 Msp. Paprikapulver
400 ml Gemüsebrühe (2 TL Instantpulver)
1 EL Mandelstifte
2 EL saure Sahne
2 TL Mandelmus
2 EL Schnittlauchringe

1 Putenschnitzel abspülen, trocken tupfen und in Streifen schneiden. Chilischote waschen, entkernen und in Ringe schneiden. Kartoffeln schälen und würfeln. Romanesco waschen und in Röschen teilen.

2 Öl in einem Topf auf mittlerer Stufe erhitzen und Putenstreifen darin ca. 3 Minuten rundherum anbraten. Mit Salz, Pfeffer und Paprikapulver würzen und herausnehmen. Chiliringe, Romanescoröschen und Kartoffelwürfel im Bratensatz kurz andünsten, mit Brühe ablöschen, aufkochen und mit Deckel 15–20 Minuten garen.

3 Mandelstifte fettfrei in einer Pfanne auf mittlerer Stufe 2–3 Minuten rösten, mit Putenstreifen zum Gemüse geben und ca. 4 Minuten darin erwärmen. Romanesco-Geflügel-Topf mit saurer Sahne und Mandelmus verfeinern und mit Salz und Pfeffer abschmecken. Romanesco-Geflügel-Topf mit Schnittlauch bestreuen und servieren.

8 SmartPoints Wert 2173 kJ | 519 kcal

Thai-Glasnudelsuppe mit Garnelen

Für 2 Personen **Fertig in 40 Min.** **Davon aktiv 30 Min.**

1 Zwiebel
1 kleine rote Chilischote
1 Stück Ingwer (ca. 1 cm)
1 Knoblauchzehe
250 g Tomaten
1 kleine Stange Lauch
1 TL Rapsöl
2 EL Sojasauce
500 ml Gemüsebrühe (2 TL Instantpulver)
50 g trockene Glasnudeln
1 Glas Bambussprossen (175 g Abtropfgewicht)
250 g küchenfertige Riesengarnelen
einige Blätter Thai-Basilikum
4 EL fettreduzierte Kokosmilch
Salz

1 Zwiebel schälen. Chilischote waschen, entkernen und mit Zwiebel in dünne Streifen schneiden. Ingwer schälen und mit Knoblauch fein hacken. Tomaten waschen, kreuzweise einschneiden, mit kochendem Wasser überbrühen und häuten. Tomaten entkernen und würfeln. Lauch waschen und in Streifen schneiden.

2 Öl in einem Topf auf mittlerer Stufe erhitzen und Zwiebel-, Chilistreifen, Ingwer und Knoblauch darin ca. 3 Minuten andünsten. Tomatenwürfel und Lauchstreifen zufügen, mit Sojasauce und Brühe ablöschen und ca. 10 Minuten köcheln lassen.

3 Nudeln nach Packungsanweisung zubereiten und abgießen. Bambussprossen abtropfen lassen. Garnelen abspülen, trocken tupfen, mit Glasnudeln und Bambussprossen zur Suppe geben und ca. 5 Minuten darin gar ziehen lassen. Thai-Basilikum waschen und trocken schütteln. Thai-Glasnudelsuppe mit Kokosmilch verfeinern, mit Salz abschmecken und mit Thai-Basilikum garniert servieren.

5 **SmartPoints Wert** 1423 kJ | 340 kcal

Rinderschmortopf mit Steckrüben

Für 4 Personen   Fertig in 2 Std. 25 Min.   Davon aktiv 30 Min.

600 g Rindergulasch
1 Zwiebel
1 EL Olivenöl
1 EL Mehl
400 g stückige Tomaten (Konserve)
185 ml Rinderfond
300 g mehligkochende Kartoffeln
2 Karotten
1 kleine Steckrübe
200 g Champignons
60 g Baby-Blattspinat
Salz, Pfeffer
4 Scheiben Vollkornbaguette

1 Gulasch trocken tupfen und gegebenenfalls kleiner schneiden. Zwiebel schälen und würfeln. Öl in einem Topf auf hoher Stufe erhitzen, Gulasch darin portionsweise 3–5 Minuten anbraten und herausnehmen. Zwiebelwürfel im Bratensatz auf mittlerer Stufe ca. 5 Minuten dünsten. Mit Mehl bestäuben und ca. 1 Minute anschwitzen. Mit Tomaten und Fond ablöschen, Gulasch zugeben, aufkochen und auf niedriger Stufe mit Deckel ca. 60 Minuten garen.

2 Kartoffeln, Karotten und Steckrübe schälen. Karotten längs halbieren und in Scheiben schneiden, Kartoffeln und Steckrübe würfeln. Champignons trocken abreiben und halbieren. Kartoffel- und Steckrübenwürfel mit Karottenscheiben und Champignonhälften zum Gulasch geben und mit Deckel weitere ca. 60 Minuten garen.

3 Spinat waschen, trocken schleudern, unter den Schmortopf heben und ca. 1 Minute zusammenfallen lassen. Rinderschmortopf mit Salz und Pfeffer abschmecken und mit Baguette servieren.

8 **SmartPoints Wert** 1982 kJ | 474 kcal

Pastinaken-Karotten-Suppe mit marinierter Putenbrust

Für 1 Person Fertig in 30 Min. Davon aktiv 20 Min.

150 g Pastinaken
200 g Karotten
1 Stück Ingwer (ca. 1 cm)
120 g Putenschnitzel
1 EL Sojasauce
1 TL Rapsöl
50 ml fettreduzierte Kokosmilch
500 ml Gemüsebrühe (2 TL Instantpulver)
1 TL Limettensaft
Salz, Pfeffer
1 EL Zwiebelsprossen

1 Pastinaken und Karotten schälen und in Würfel schneiden. Ingwer schälen und reiben. Putenschnitzel abspülen, trocken tupfen und in Streifen schneiden. Putenstreifen mit Sojasauce und Ingwer in einen Gefrierbeutel geben, gut verkneten und im Kühlschrank ca. 10 Minuten marinieren.

2 Öl in einem Topf auf mittlerer Stufe erhitzen und Pastinaken- und Karottenwürfel darin ca. 5 Minuten andünsten. Mit Kokosmilch und Brühe ablöschen und auf niedriger Stufe ca. 15 Minuten köcheln lassen.

3 Putenstreifen samt Marinade fettfrei in einer Pfanne auf hoher Stufe 3–5 Minuten rundherum braten. Suppe pürieren, mit Limettensaft verfeinern und mit Salz und Pfeffer abschmecken. Putenstreifen zur Suppe geben und Pastinaken-Karotten-Suppe mit Zwiebelsprossen garniert servieren.

4 SmartPoints Wert 1738 kJ | 415 kcal

Kohlrabi-Lauch-Eintopf mit Petersilienpesto

Für 1 Person Fertig in 30 Min. Davon aktiv 10 Min.

1 Zwiebel
1 Karotte
1 Kohlrabi
100 g festkochende Kartoffeln
1 kleine Stange Lauch
1 TL Rapsöl
550 ml Gemüsebrühe
(2 TL Instantpulver)
Salz, Pfeffer
1/2 Bund Petersilie
1 EL gehackte Haselnüsse

1 Zwiebel, Karotte, Kohlrabi und Kartoffeln schälen und würfeln. Lauch waschen und in feine Ringe schneiden. Öl in einem Topf auf mittlerer Stufe erhitzen und Zwiebelwürfel darin ca. 2 Minuten andünsten. Kohlrabi-, Karotten-, Kartoffelwürfel und Lauchringe dazugeben und 4–5 Minuten mitdünsten. Mit 500 ml Brühe ablöschen, mit Salz und Pfeffer würzen und ca. 15 Minuten köcheln lassen.

2 Für das Pesto Petersilie waschen, trocken schütteln, mit restlicher Brühe und Haselnüssen pürieren und mit Salz und Pfeffer abschmecken. Kohlrabi-Lauch-Eintopf mit Salz und Pfeffer abschmecken, mit Petersilienpesto garnieren und servieren.

5 **SmartPoints Wert** 1544 kJ | 369 kcal

To Go

Der Eintopf lässt sich prima mitnehmen. Rühre das Pesto einfach unter und verpacke den Kohlrabi-Lauch-Eintopf in einer gut schließenden Frischhaltedose. Später kannst du ihn ganz einfach in der Mikrowelle bei 800 Watt für 2–3 Minuten erwärmen.

Ramen-Nudelsuppe mit Geflügelhack

Für 4 Personen Fertig in 40 Min. Davon aktiv 25 Min.

1 Stück Ingwer (ca. 2 cm)
2 Frühlingszwiebeln
1 Knoblauchzehe
2 Liter Geflügelfond
1/2 TL Sesamöl
1 EL Sojasauce
60 g Baby-Grünkohl
125 g Baby-Maiskolben
250 g Champignons
90 g trockene Ramen-Nudeln
Salz
4 Eier (Größe M)
1 EL Olivenöl
300 g Geflügelhackfleisch (aus Geflügelbrustfilet)
1 EL asiatische Chili-Knoblauch-Sauce

1 Für die Brühe Ingwer schälen und in Scheiben schneiden. Frühlingszwiebeln waschen und in dünne Ringe schneiden. Knoblauch leicht zerdrücken. Fond mit Ingwerscheiben, Knoblauch, hellen Frühlingszwiebelringen, Sesamöl und Sojasauce in einem Topf auf niedriger Stufe ca. 10 Minuten köcheln lassen.

2 Grünkohl waschen, trocken schleudern und grob hacken. Maiskolben waschen und längs halbieren. Champignons trocken abreiben und in dicke Scheiben schneiden. Nudeln nach Packungsanweisung in Salzwasser garen, abgießen und kalt abschrecken. Eier in kochendem Wasser ca. 7 Minuten weich kochen, abschrecken und pellen.

3 Olivenöl in einem Topf auf hoher Stufe erhitzen und Hackfleisch darin krümelig braten. Chili-Knoblauch-Sauce zugeben und ca. 1 weitere Minute garen. Brühe durch ein Sieb zugeben und aufkochen. Grünkohl, Maiskolbenhälften und Champignonscheiben zugeben und 3–4 Minuten garen.

4 Eier halbieren. Nudeln auf 4 Teller verteilen, Suppe darübergeben und Eierhälften darauf verteilen. Ramen-Nudelsuppe mit restlichen Frühlingszwiebelringen bestreut servieren.

4 **SmartPoints Wert** 1557 kJ | 372 kcal

So schmeckt's auch

Wenn du keinen Baby-Grünkohl bekommst, kannst du auch Blattspinat verwenden.

Scharfe Erbsensuppe mit Steakwürfeln

Für 2 Personen **Fertig in 35 Min.** **Davon aktiv 20 Min.**

350 g mehligkochende Kartoffeln
1 Zwiebel
1 kleine rote Chilischote
2 TL Rapsöl
500 ml Gemüsebrühe (2 TL Instantpulver)
150 g Erbsen (TK)
1 Rindersteak (à 150 g)
Salz, Pfeffer
1 EL gehackter Majoran

1 Kartoffeln schälen und würfeln. Zwiebel schälen und würfeln. Chilischote waschen, entkernen und in Ringe schneiden. 1 TL Öl in einem Topf auf mittlerer Stufe erhitzen, Zwiebelwürfel mit Chiliringen darin ca. 1 Minute anbraten, Kartoffelwürfel zufügen, mit Brühe ablöschen und ca. 20 Minuten köcheln lassen. Erbsen ca. 5 Minuten vor Ende der Garzeit zu den Kartoffeln geben und mitgaren. Erbsensuppe grob zerstampfen.

2 Steak trocken tupfen und in Würfel schneiden. Restliches Öl in einer Pfanne auf mittlerer bis hoher Stufe erhitzen, Steakwürfel darin ca. 5 Minuten rundherum braten und mit Salz und Pfeffer würzen. Majoran zur Suppe geben und Steakwürfel unterheben. Scharfe Erbsensuppe mit Salz und Pfeffer abschmecken und servieren.

7 SmartPoints Wert 1386 kJ | 333 kcal

Tortellini-Bohnen-Eintopf

Für 4 Personen Fertig in 35 Min. Davon aktiv 15 Min.

1 Zwiebel
2 Stangen Staudensellerie
2 Zucchini
1 rote Paprika
2 Knoblauchzehen
1 EL Olivenöl
400 g stückige Tomaten (Konserve)
750 ml Gemüsebrühe (3 1/2 TL Instantpulver)
1 Dose Borlotti Bohnen (255 g Abtropfgewicht)
400 g Tortellini mit Fleischfüllung (Frischprodukt)
Salz, Pfeffer
2 EL gehackte glatte Petersilie
2 EL geriebener Parmesan

1 Zwiebel schälen, Sellerie, Zucchini und Paprika waschen, Paprika entkernen und alles in Würfel schneiden. Knoblauch hacken.

2 Öl in einem Topf auf mittlerer Stufe erhitzen und Zwiebel- mit Selleriewürfeln darin ca. 5 Minuten dünsten. Paprika- mit Zucchiniwürfeln zufügen und weitere ca. 5 Minuten dünsten. Knoblauch dazugeben, mit Tomaten und Brühe ablöschen und mit Deckel ca. 10 Minuten köcheln lassen.

3 Bohnen abspülen und abtropfen lassen. Tortellini mit Bohnen dazugeben und auf niedriger bis mittlerer Stufe ca. 5 Minuten köcheln lassen. Tortellini-Bohnen-Eintopf mit Salz und Pfeffer abschmecken und mit Petersilie und Parmesan bestreut servieren.

9 SmartPoints Wert 1682 kJ | 402 kcal

Bretonische Zwiebelsuppe

Für 6 Personen **Fertig in 40 Min.** **Davon aktiv 15 Min.**

600 g große Zwiebeln
1 EL Olivenöl
1,2 Liter Gemüsebrühe
(5 1/2 TL Instantpulver)
1 Lorbeerblatt
6 Scheiben Vollkornbaguette
30 g geriebener Greyerzer,
45 % Fett i. Tr.
Salz, Pfeffer

1 Zwiebeln schälen und in feine Streifen schneiden. Öl in einem Topf auf mittlerer Stufe erhitzen, Zwiebelstreifen darin 5–8 Minuten dünsten und mit Brühe ablöschen. Lorbeerblatt zugeben und mit Deckel ca. 20 Minuten köcheln lassen.

2 Backofen mit Grillfunktion auf 240° C (Gas: Stufe 5, Umluft: 220° C) vorheizen. Baguette auf ein mit Backpapier ausgelegtes Backblech legen, mit Käse bestreuen und im Backofen auf mittlerer Schiene 1–2 Minuten grillen. Lorbeerblatt entfernen, Zwiebelsuppe mit Salz und Pfeffer würzen und mit Käsebaguette servieren.

3 SmartPoints Wert 632 kJ | 151 kcal

Gemüsesuppe mit Minzpesto

Für 4 Personen **Fertig in 50 Min.** **Davon aktiv 25 Min.**

30 g Minze
20 g Pistazienkerne
3 Knoblauchzehen
1 EL Zitronensaft
2 EL Olivenöl
500 ml Wasser
Salz, Pfeffer
1 Zwiebel
1 Karotte
250 g Butternutkürbis
2 Stangen Staudensellerie
1 Fenchelknolle
250 g Broccoli
55 g trockene Quinoa
750 ml Gemüsebrühe
(3 1/2 TL Instantpulver)

1 Minze waschen und trocken schütteln. Mit Pistazien, 1 Knoblauchzehe, Zitronensaft, 1 1/2 EL Öl und 2 EL Wasser zu einer groben Paste pürieren. Minzpesto mit Salz und Pfeffer abschmecken.

2 Zwiebel, Karotte und Kürbis schälen, Kürbis halbieren und Kerne mit einem Löffel entfernen. Sellerie und Fenchel waschen und alles in ca. 2 cm große Stücke schneiden. Broccoli waschen und in kleine Röschen teilen.

3 Restliches Öl in einem Topf auf mittlerer Stufe erhitzen und Zwiebel-, Karotten-, Sellerie- und Fenchelwürfel darin ca. 5 Minuten dünsten. Restlichen Knoblauch dazupressen und ca. 1 weitere Minute garen.

4 Kürbiswürfel mit Quinoa, Brühe und restlichem Wasser zugeben und auf mittlerer Stufe mit Deckel ca. 20 Minuten garen. Broccoliröschen zugeben und weitere ca. 3 Minuten garen. Gemüsesuppe mit Salz und Pfeffer abschmecken und mit Minzpesto servieren.

5 SmartPoints Wert 930 kJ | 222 kcal

Zucchinicremesuppe mit Mandelsahne

Für 2 Personen Fertig in 30 Min. Davon aktiv 10 Min.

500 g Zucchini
1 Zwiebel
1 Knoblauchzehe
1 TL Olivenöl
500 ml Gemüsebrühe
(2 TL Instantpulver)
Salz, Pfeffer
1 EL Mandelblättchen
50 ml Cremefine zum Aufschlagen, 19 % Fett
1 TL gehackte Petersilie

1 Zucchini waschen und in Stücke schneiden. Zwiebel schälen und würfeln. Knoblauch pressen. Öl in einem Topf auf mittlerer Stufe erhitzen und Zucchinistücke, Zwiebelwürfel und Knoblauch darin ca. 5 Minuten andünsten. Mit Brühe ablöschen und ca. 15 Minuten köcheln lassen.

2 Suppe pürieren und mit Salz und Pfeffer abschmecken. Mandelblättchen fettfrei in einer Pfanne auf mittlerer Stufe 2–3 Minuten rösten. Cremefine steif schlagen. Zucchinicremesuppe mit Cremefine, Mandelblättchen und Petersilie garniert servieren.

4 SmartPoints Wert 704 kJ | 168 kcal

Toskanischer Fischeintopf

Für 4 Personen Fertig in 35 Min. Davon aktiv 25 Min.

1 kleine rote Zwiebel
4 Knoblauchzehen
150 g Riesengarnelen mit Schale
300 g Seeteufelfilet
250 g Rotbarschfilet
2 TL Olivenöl
2 EL gehackter Salbei
3 EL gehackte Petersilie
1 TL Chiliflocken
2 EL Tomatenmark
400 g stückige Tomaten (Konserve)
850 ml Fischbrühe (4 TL Instantpulver)
4 Scheiben Ciabatta
1 TL abgeriebene unbehandelte Zitronenschale

1 Zwiebel schälen und fein würfeln. 3 Knoblauchzehen pressen. Garnelen, Seeteufel- und Rotbarschfilet abspülen, trocken tupfen und Fischfilets jeweils in große Stücke schneiden.

2 Öl in einer großen Pfanne auf mittlerer Stufe erhitzen und Zwiebelwürfel mit Knoblauch, Salbei, 2 EL Petersilie und Chiliflocken darin unter Rühren 5–8 Minuten dünsten. Tomatenmark dazugeben und kurz anschwitzen.

3 Tomaten und Brühe in die Pfanne geben und aufkochen. Seeteufelstücke dazugeben und auf niedriger Stufe ca. 5 Minuten garen. Rotbarschstücke und Garnelen zufügen und weitere ca. 5 Minuten garen.

4 Ciabatta rösten. Restlichen Knoblauch schälen, halbieren und Ciabatta mit den Schnittflächen abreiben. Fischeintopf mit restlicher Petersilie und Zitronenschale bestreuen. Toskanischen Fischeintopf mit Ciabatta servieren.

3 SmartPoints Wert 1256 kJ | 300 kcal

Rote-Bete-Suppe

Für 2 Personen   Fertig in 30 Min.   Davon aktiv 15 Min.

1 kleine Petersilienwurzel
1 Zwiebel
1 Karotte
1 TL Rapsöl
750 ml Gemüsebrühe
(3 1/2 TL Instantpulver)
3 EL Weißweinessig
2 vorgegarte Rote Bete
(vakuumverpackt)
2 TL Zitronensaft
Salz, Pfeffer
2 EL Magermilchjoghurt
2 TL gehackte Petersilie
4 Scheiben Pumpernickel

1 Petersilienwurzel, Zwiebel und Karotte schälen und würfeln. Öl in einem Topf auf mittlerer Stufe erhitzen und Petersilienwurzel-, Zwiebel- und Karottenwürfel darin 2–3 Minuten anbraten. Mit Brühe ablöschen, mit Essig verfeinern und mit Deckel ca. 15 Minuten köcheln lassen.

2 Rote Bete würfeln, zur Suppe geben und kurz erwärmen. Suppe fein pürieren, mit Zitronensaft verfeinern und mit Salz und Pfeffer abschmecken. Rote-Bete-Suppe mit Joghurt und Petersilie garnieren und mit Pumpernickel servieren.

7 SmartPoints Wert   1307 kJ | 312 kcal

Deftige Krautsuppe mit Kasseler

Für 4 Personen **Fertig in 35 Min.** **Davon aktiv 15 Min.**

400 g mehligkochende Kartoffeln
1 Gemüsezwiebel
400 g Kasselerfleisch
1 Dose Sauerkraut (770 g Abtropfgewicht)
1 TL Rapsöl
1 Lorbeerblatt
3 Wacholderbeeren
500 ml Gemüsebrühe (2 TL Instantpulver)
1 TL gehackter Majoran
1 EL gehackter Liebstöckel
Salz, Pfeffer
2 EL saure Sahne

1 Kartoffeln und Zwiebel schälen und in Würfel schneiden. Kasseler abspülen, trocken tupfen und würfeln. Sauerkraut abtropfen lassen.

2 Öl in einem Topf auf mittlerer Stufe erhitzen, Zwiebelwürfel, Sauerkraut, Lorbeerblatt und Wacholderbeeren darin 3–5 Minuten andünsten und mit Brühe aufgießen. Kartoffel- und Kasselerwürfel zufügen und Suppe ca. 20 Minuten köcheln lassen.

3 Lorbeerblatt und Wacholderbeeren aus der Suppe entfernen. Krautsuppe mit Majoran und Liebstöckel verfeinern, mit Salz und Pfeffer abschmecken und mit saurer Sahne garniert servieren.

5 **SmartPoints Wert** 1278 kJ | 306 kcal

Blumenkohlsuppe mit Jakobsmuscheln und Speck

Für 6 Personen **Fertig in 40 Min.** **Davon aktiv 20 Min.**

1 große Zwiebel
1 kg Blumenkohl
2 TL Rapsöl
2 Knoblauchzehen
800 ml Gemüsebrühe (4 TL Instantpulver)
200 ml fettarme Milch
6 Scheiben Speck
6 Jakobsmuscheln
Salz, Pfeffer
150 g Crème légère
2 EL gehackte glatte Petersilie

1 Zwiebel schälen und fein würfeln. Blumenkohl waschen und in Röschen teilen. 1 TL Öl in einem Topf auf mittlerer Stufe erhitzen und Zwiebelwürfel darin ca. 5 Minuten dünsten. Blumenkohlröschen zugeben und auf hoher Stufe 3–4 Minuten braten. Knoblauch dazupressen und ca. 1 weitere Minute garen. Mit Brühe ablöschen und aufkochen. Milch zugeben und auf niedriger Stufe 12–15 Minuten garen.

2 Backofen auf 200° C (Gas: Stufe 3, Umluft: 180° C) vorheizen. Speck auf einem mit Backpapier ausgelegten Backblech verteilen, im Backofen auf mittlerer Schiene ca. 5 Minuten knusprig backen und in kleine Stücke brechen. Jakobsmuscheln abspülen und trocken tupfen. Restliches Öl in einer Pfanne auf mittlerer Stufe erhitzen und Jakobsmuscheln darin 1–2 Minuten von jeder Seite braten.

3 Suppe pürieren, mit Salz und Pfeffer abschmecken und mit 130 g Crème légère verfeinern. Blumenkohlsuppe mit restlicher Crème légère, Jakobsmuscheln und Speck anrichten, mit Petersilie bestreuen und servieren.

6 SmartPoints Wert 917 kJ | 219 kcal

0-Punkte-Minestrone

Für 1 Person **Fertig in 25 Min.** **Davon aktiv 15 Min.**

150 g Knollensellerie
1 Karotte
1 Stange Lauch
1 Knoblauchzehe
50 ml Tomatensaft
400 ml Gemüsebrühe
(2 TL Instantpulver)
1 kleine Zucchini
Salz, Pfeffer
1 EL gehacktes Basilikum

1 Sellerie und Karotte schälen. Sellerie würfeln und Karotte in Scheiben schneiden. Lauch waschen und in Ringe schneiden. Knoblauch pressen.

2 Gemüse fettfrei in einem Topf auf niedriger bis mittlerer Stufe andünsten. Mit Tomatensaft und Brühe ablöschen und ca. 15 Minuten köcheln lassen.

3 Zucchini waschen, würfeln und ca. 10 Minuten vor Ende der Garzeit zugeben. Minestrone mit Salz und Pfeffer abschmecken und mit Basilikum garniert servieren.

0 SmartPoints Wert 763 kJ | 182 kcal

Für heiße Tage

Im Sommer schmeckt die Suppe super, wenn du sie pürierst, abkühlen lässt und als Gazpacho servierst.

Grundrezepte für mehr Genuss

Suppen und Curries stehen quick & easy auf dem Tisch. Wir zeigen dir jeweils ein gutes Grundrezept, aus dem du nach Lust und Laune neue, leckere Gerichte kochen kannst.

Gemüsefond (für 12 Portionen à 100 ml)

4 Zweige Thymian, 2 Zwiebeln in Vierteln, 1 Stange Lauch in groben Ringen, 100 g Knollensellerie und 2 Karotten in Stücken mit 2 Pimentkörnern, 1 Lorbeerblatt, Salz und Pfeffer in 2 Litern Wasser aufkochen und auf niedriger Stufe 25–30 Minuten köcheln lassen.

Gemüsefond durch ein Sieb gießen und zum Konservieren entweder den abgekühlten Fond portionsweise einfrieren oder den heißen Fond in sterilisierte Konservengläser mit Schraubverschluss abfüllen, verschließen und umgedreht auskühlen lassen. So ist der Fond im Kühlschrank mehrere Wochen haltbar.

Später einfach die gewünschte Menge Fond aus dem Tiefkühler oder Kühlschrank nehmen und mit Zutaten deiner Wahl eine Suppe zaubern.

Taste it!

Beim Fondkochen sind deiner Kreativität keine Grenzen gesetzt. Du kannst viele verschiedene Gemüsesorten verwenden, auch Schalen oder Reste sind perfekt geeignet. Probiere doch mal Pilze, Petersilienwurzel oder auch Tomate.

Selfmade grüne Thai-Currypaste (für 4 Personen)

4 Schalotten, 4 Knoblauchzehen, 2–3 grüne Chilischoten, 5 cm frischer Ingwer und 3 Stängel Zitronengras in groben Stücken mit Saft und Schale von 1 unbehandelten Limette, 1 Handvoll frischem Koriander oder Thai-Basilikum, 4 TL Fischsauce und 1/2 TL Pfeffer pürieren und nach Wunsch weiter verwenden.

Für Curries gibt es, ähnlich wie für Fonds, ein Grundrezept, das sich immer wieder anders zubereiten lässt. Bestandteil sind zahlreiche Gewürze, verschiedene Gemüsesorten und nach Wunsch Fleisch oder Fisch, gekocht in einer sämigen Sauce. Als Flüssigkeit werden meist Kokosmilch und Brühe bzw. Fond verwendet. Dazu schmecken Reis oder Naan-Brot.

Aha!

Im Kühlschrank hält sich die Currypaste ein paar Tage, du kannst sie aber auch einfrieren.

Angesagte Curries, Risotti & Bowls

Limetten-Avocado-Risotto mit Schafskäse

Für 4 Personen **Fertig in 45 Min.** **Davon aktiv 45 Min.**

2 Schalotten
1 Knoblauchzehe
1 unbehandelte Limette
1 TL Olivenöl
200 g trockener Risottoreis
50 ml trockener Weißwein
600 ml heiße Gemüsebrühe (2 1/2 TL Instantpulver)
2 EL gehackte Petersilie
2 EL gehackte Minze
2 TL gehackter Thymian
Salz, Pfeffer
120 g Avocadofruchtfleisch
100 g Schafskäse, 25 % Fett i. Tr.

1 Schalotten schälen und fein würfeln. Knoblauch pressen. 1 TL Limettenschale abreiben und Limette auspressen. Öl in einem Topf auf mittlerer bis hoher Stufe erhitzen und Schalottenwürfel darin 3–4 Minuten andünsten. Reis dazugeben und ca. 2 Minuten mitdünsten.

2 Mit Wein und Brühe ablöschen, bis die Reiskörner knapp bedeckt sind und auf niedriger bis mittlerer Stufe 25–30 Minuten köcheln lassen, dabei regelmäßig Brühe nachgießen. Risotto mit Petersilie, Minze, Thymian und Limettenschale verfeinern und mit Salz und Pfeffer abschmecken.

3 Avocadofruchtfleisch mit 2 EL Limettensaft pürieren und unter das Risotto rühren. Schafskäse über das Risotto bröseln und Limetten-Avocado-Risotto servieren.

9 SmartPoints Wert 1391 kJ | 332 kcal

Dazu passt ...

... eine Pflücksalatmischung (125 g) mit einem Brombeerdressing für 0 SmartPoints. Dafür 125 g Brombeeren mit 75 ml Gemüsebrühe (1/4 TL Instantpulver), 1 Prise Zucker und 1 EL Rotweinessig pürieren und mit Salz und Pfeffer abschmecken.

Feurige Chili-Mais-Bowl

Für 4 Personen **Fertig in 25 Min.** **Davon aktiv 25 Min.**

160 g trockener Langkornreis
Salz, Pfeffer
6 Tomaten
1 kleine rote Chilischote
1 Dose Mais (285 g Abtropfgewicht)
1 TL Olivenöl
400 g Tatar
1 Knoblauchzehe
1 EL Tomatenmark
1/2 TL Kreuzkümmel
4 Stängel Koriander
200 g Magermilchjoghurt
40 g Tortilla Chips

1 Reis nach Packungsanweisung in Salzwasser garen. Tomaten waschen und würfeln. Chilischote waschen, entkernen und in Ringe schneiden. Mais abgießen.

2 Öl in einer Pfanne auf hoher Stufe erhitzen, Tatar darin krümelig anbraten, Knoblauch dazupressen, Tomatenmark dazugeben und mit Salz, Pfeffer und Kreuzkümmel würzen. Die Hälfte der Tomatenwürfel dazugeben und ca. 5 Minuten köcheln lassen.

3 Für den Dip Koriander waschen, trocken schütteln und hacken. Koriander mit Joghurt und einigen Chiliringen verrühren und mit Salz und Pfeffer würzen.

4 Tatar mit Reis, restlichen Tomatenwürfeln, Mais und Koriander-Chili-Dip jeweils separat in einer Schüssel anrichten und mit Tortilla Chips und restlichen Chiliringen bestreuen. Chili-Mais-Bowl servieren.

8 **SmartPoints Wert** 1813 kJ | 433 kcal

Indisches Fisch-Kartoffel-Curry

Für 4 Personen   Fertig in 50 Min.   Davon aktiv 25 Min.

2 Zwiebeln
200 g Zuckererbsenschoten
2 Tomaten
500 g mehligkochende Kartoffeln
3 Knoblauchzehen
1 Stück Ingwer (ca. 3 cm)
1 rote Chilischote
500 g Zanderfilet
einige frische Curryblätter
1 EL Rapsöl
je 1 EL gemahlener Kreuzkümmel und Koriander
1 EL Kurkuma
400 ml fettreduzierte Kokosmilch
2 EL gehackter Koriander
200 g griechischer Joghurt, bis 0,2 % Fett

1 Zwiebeln schälen und in Streifen schneiden. Zuckererbsenschoten waschen und diagonal halbieren. Tomaten kreuzweise einschneiden, mit kochendem Wasser überbrühen, häuten und Tomaten reiben. Kartoffeln schälen und in ca. 2 cm große Würfel schneiden. Knoblauch hacken. Ingwer schälen und reiben. Chilischote waschen, entkernen und in Ringe schneiden.

2 Zanderfilet abspülen, trocken tupfen und in ca. 3 cm große Würfel schneiden. Curryblätter waschen und trocken schütteln. Öl in einem Topf auf mittlerer Stufe erhitzen, Zwiebelstreifen mit Curryblättern darin ca. 4 Minuten dünsten, Knoblauch, Ingwer, Kreuzkümmel, Koriander und Kurkuma zufügen und kurz mitdünsten. Mit Kokosmilch und Tomaten ablöschen, Kartoffelwürfel unterrühren und mit Deckel ca. 15 Minuten köcheln lassen.

3 Zanderfiletwürfel mit Zuckererbsenschotenhälften zugeben und weitere ca. 5 Minuten köcheln lassen. Fisch-Kartoffel-Curry mit Salz und Pfeffer abschmecken und mit Chiliringen, Koriander und Joghurt verfeinert servieren.

10 SmartPoints Wert   1834 kJ | 438 kcal

Typisch asiatisch

Curryblätter schmecken aromatisch-scharf und verfeinern viele Curries. Du erhältst sie in gut sortierten Asia-Läden.

Fenchelrisotto mit Räucherlachs

Für 4 Personen **Fertig in 45 Min.** **Davon aktiv 30 Min.**

1 rote Zwiebel
1 Fenchelknolle
1 TL Olivenöl
200 g trockener Risottoreis
800 ml heiße Gemüsebrühe (4 TL Instantpulver)
1 EL Weißweinessig
4 Scheiben Räucherlachs (à 50 g)
1 unbehandelte Orange
Salz, Pfeffer

1 Zwiebel schälen und fein würfeln. Fenchel waschen, halbieren, den Strunk entfernen und Fenchel in feine Streifen schneiden. Fenchelgrün zur Seite stellen. Öl in einem Topf auf mittlerer bis hoher Stufe erhitzen und Zwiebelwürfel mit Fenchelstreifen darin 3–4 Minuten andünsten. Reis dazugeben und ca. 2 Minuten mitdünsten.

2 Mit Brühe und Essig ablöschen, bis die Reiskörner knapp bedeckt sind und auf niedriger bis mittlerer Stufe 25–30 Minuten köcheln lassen, dabei regelmäßig Brühe nachgießen. Lachs in Streifen schneiden.

3 Fenchelgrün hacken. 1 TL Orangenschale abreiben und Orange auspressen. Risotto mit Salz und Pfeffer abschmecken, mit Lachsstreifen, Fenchelgrün, Orangenschale und -saft verfeinern und Fenchelrisotto servieren.

5 SmartPoints Wert 1392 kJ | 333 kcal

Gemüsecurry mit Tofu

Für 4 Personen   Fertig in 50 Min.   Davon aktiv 25 Min.

250 g Tofu
1 große rote Zwiebel
2 Karotten
3 Knoblauchzehen
1 Stück Ingwer (ca. 2 cm)
einige frische Curryblätter
1 EL Olivenöl
1 TL Kurkuma
2 TL Senfsaat
370 ml Gemüsebrühe
(2 TL Instantpulver)
100 ml fettreduzierte Kokosmilch
350 g Butternutkürbis
300 g Broccoli
1 Dose Kidneybohnen
(255 g Abtropfgewicht)
einige Stängel Koriander

1. Tofu in 8 Scheiben schneiden. Zwiebel schälen und in Streifen schneiden. Karotten schälen, längs halbieren und in dünne Scheiben schneiden. Knoblauch pressen. Ingwer schälen und reiben. Curryblätter waschen und trocken schütteln.

2. Öl in einer großen Pfanne auf mittlerer bis hoher Stufe erhitzen, Tofuscheiben darin 1–2 Minuten von jeder Seite braten, herausnehmen und in 16 Streifen schneiden. Zwiebelstreifen und Karottenscheiben im Bratensatz auf mittlerer Stufe ca. 5 Minuten dünsten. Knoblauch, Ingwer, Kurkuma, Senfsaat und Curryblätter zufügen und ca. 1 weitere Minute garen.

3. Mit Brühe und Kokosmilch ablöschen und aufkochen. Kürbis schälen, halbieren, Kerne mit einem Löffel entfernen und Kürbis in kleine Würfel schneiden. Kürbiswürfel mit Tofustreifen zugeben und Curry auf niedriger Stufe mit Deckel 8–10 Minuten garen.

4. Broccoli waschen und in kleine Röschen teilen. Kidneybohnen abspülen und abtropfen lassen, mit Broccoliröschen zum Curry geben und mit Deckel weitere ca. 5 Minuten garen. Koriander waschen und trocken schütteln. Tofucurry mit Koriander garniert servieren.

3 SmartPoints Wert   1346 kJ | 322 kcal

Das passt dazu

Serviere das Curry mit je 1 Naan-Brot pro Person oder gare 180 g trockenen Naturreis nach Packungsanweisung. Der SmartPoints Wert erhöht sich jeweils auf 7.

Warme Quinoa-Bowl mit Spiegelei

Für 4 Personen   Fertig in 20 Min.   Davon aktiv 20 Min.

500 g vorgegarte Rote Bete (vakuumverpackt)
200 g trockene bunte Quinoa
Salz, Pfeffer
1 Bund Radieschen
50 g Sprossen-Mix
50 g Baby-Blattspinat
1 gelbe Paprika
1 TL Rapsöl
4 Eier (Größe M)
4 EL Wasser
2 EL Zitronensaft
1 EL Orangensaft
1 EL Weißweinessig
1 TL körniger Senf
2 EL Schnittlauchringe

1 Rote Bete würfeln. Quinoa mit 200 g Rote-Bete-Würfeln nach Packungsanweisung in Salzwasser garen. Radieschen waschen und in dünne Scheiben hobeln. Sprossen-Mix waschen und abtropfen lassen. Spinat waschen und trocken schleudern. Paprika waschen, entkernen und in dünne Streifen schneiden.

2 Öl in einer Pfanne auf niedriger bis mittlerer Stufe erhitzen, Eier als Spiegeleier darin 5–8 Minuten braten und mit Salz und Pfeffer würzen. Für das Dressing Wasser mit Zitronen- und Orangensaft, Essig, Senf und Schnittlauch verrühren und mit Salz und Pfeffer würzen.

3 Quinoa mit Radieschenscheiben, restlichen Rote-Bete-Würfeln, Paprikastreifen und Spinat jeweils separat in einer Schüssel anrichten und mit Dressing beträufeln. Jeweils 1 Spiegelei mittig platzieren und Quinoa-Bowl mit Sprossen-Mix bestreut servieren.

5 SmartPoints Wert   1523 kJ | 365 kcal

Naturreis mit orientalischem Lammcurry

Für 2 Personen Fertig in 45 Min. Davon aktiv 20 Min.

300 g Lammfilet
2 Zwiebeln
3 Karotten
200 g grüne Bohnen
120 g trockener Naturreis
Salz, Pfeffer
2 TL Sesamöl
1 TL Zimt
400 ml Gemüsebrühe
(2 TL Instantpulver)
1 TL Kurkuma
1 TL Kreuzkümmel
1 TL gemahlener Koriander
1 EL gehackter Koriander

1 Lammfilet trocken tupfen und in Stücke schneiden. Zwiebeln schälen und in Streifen schneiden. Karotten schälen und würfeln. Grüne Bohnen waschen und in Stücke schneiden. Reis nach Packungsanweisung in Salzwasser garen.

2 Öl in einem Topf auf hoher Stufe erhitzen, Lammfiletstücke darin 3–4 Minuten rundherum braten, mit Salz, Pfeffer und Zimt würzen und herausnehmen. Zwiebelstreifen im Bratensatz 2–3 Minuten anbraten, Karottenwürfel dazugeben, kurz mitbraten, mit Brühe ablöschen und auf mittlerer Stufe 10–15 Minuten köcheln lassen.

3 Bohnenstücke dazugeben und 8–10 Minuten mitgaren. Lammfiletstücke dazugeben, mit Salz, Pfeffer, Kurkuma, Kreuzkümmel und gemahlenem Koriander würzen, mit gehacktem Koriander verfeinern und orientalisches Lammcurry mit Naturreis servieren.

10 SmartPoints Wert 2177 kJ | 520 kcal

Ofenrisotto mit mediterranem Gemüse

Für 4 Personen **Fertig in 50 Min.** **Davon aktiv 25 Min.**

2 getrocknete Tomaten ohne Öl
550 ml Gemüsebrühe (2 TL Instantpulver)
1 Zweig Rosmarin
1 Zweig Thymian
200 g trockener Risottoreis
Salz, Pfeffer
2 rote Paprika
1 Aubergine
1 große Zucchini
1 rote Zwiebel
1 TL Olivenöl
1 TL getrockneter Oregano
50 g Crème légère

1 Tomaten ca. 10 Minuten in 50 ml heißer Brühe einweichen. Backofen auf 180° C (Gas: Stufe 2, Umluft: 160° C) vorheizen. Rosmarin und Thymian waschen, trocken schütteln und hacken. Tomaten abtropfen lassen und würfeln.

2 Reis mit 400 ml Brühe, Thymian, Rosmarin und Tomatenwürfeln in einer Auflaufform (ca. 25 x 30 cm) verrühren, mit Salz und Pfeffer würzen und mit Alufolie abgedeckt im Backofen auf mittlerer Schiene 30–35 Minuten garen, dabei nach der Hälfte der Garzeit umrühren.

3 Paprika waschen, entkernen und würfeln. Aubergine und Zucchini waschen, längs halbieren und in Scheiben schneiden. Zwiebel schälen und in Streifen schneiden.

4 Öl in einer Pfanne auf mittlerer bis hoher Stufe erhitzen, Paprikawürfel, Auberginen-, Zucchinischeiben und Zwiebelstreifen darin 6–8 Minuten braten, mit restlicher Brühe ablöschen, mit Salz und Pfeffer würzen und mit Oregano verfeinern. Ofenrisotto mit Crème légère verfeinern, mediterranes Gemüse unterheben, mit Salz und Pfeffer abschmecken und Ofenrisotto servieren.

6 **SmartPoints Wert** 1201 kJ | 287 kcal

Chili-Chicken-Bowl mit Bohnen

Für 4 Personen Fertig in 30 Min. Davon aktiv 15 Min.

400 g Hähnchenbrustfilet
Salz, Pfeffer
1 große rote Zwiebel
2 Zucchini
1 TL Rapsöl
1 TL Chilipulver
400 g stückige Tomaten (Konserve)
1 EL Tomatenmark
80 ml Wasser
1 Dose Kidneybohnen (255 g Abtropfgewicht)
160 g Mais (TK)
80 g fettarmer Joghurt

1 Hähnchenbrustfilet abspülen, trocken tupfen und in siedendem Salzwasser auf niedriger bis mittlerer Stufe 10–15 Minuten gar ziehen lassen. Hähnchenbrustfilet abtropfen lassen und in Stücke schneiden. Zwiebel schälen und fein würfeln. Zucchini waschen und in Würfel schneiden.

2 Öl in einer Pfanne auf mittlerer Stufe erhitzen und Zwiebelwürfel darin ca. 5 Minuten dünsten. Chilipulver zufügen und ca. 1 weitere Minute dünsten. Tomaten mit Tomatenmark und Wasser untermischen und aufkochen.

3 Kidneybohnen abspülen und abtropfen lassen. Mit Mais, Hähnchen- und Zucchiniwürfeln unter die Tomaten heben und auf mittlerer Stufe ca. 5 Minuten köcheln lassen. Chili-Chicken-Bowl mit Salz und Pfeffer abschmecken und mit Joghurt und nach Wunsch mit Koriander garniert servieren.

1 SmartPoints Wert 1168 kJ | 279 kcal

Pestorisotto mit Tomaten

Für 2 Personen Fertig in 40 Min. Davon aktiv 40 Min.

1 Zwiebel
1 Knoblauchzehe
400 g Cocktailtomaten
1/2 Bund Basilikum
400 ml Gemüsebrühe
(2 TL Instantpulver)
2 EL geriebener Parmesan
1 TL Mandelmus
Salz, Pfeffer
1 TL Olivenöl
110 g trockener Risottoreis

1 Zwiebel schälen und würfeln. Knoblauch pressen. Tomaten waschen und halbieren. Für das Pesto Basilikum waschen, trocken schütteln und mit 3 EL Brühe, 1 EL Parmesan, Mandelmus, Salz und Pfeffer pürieren.

2 Öl in einem Topf auf mittlerer Stufe erhitzen und Zwiebelwürfel mit Knoblauch und Reis darin ca. 5 Minuten glasig dünsten. Mit etwas Brühe ablöschen, bis die Reiskörner knapp bedeckt sind und auf niedriger Stufe 20–25 Minuten garen, dabei unter Rühren regelmäßig restliche Brühe nachgießen.

3 Tomaten mit Pesto unter das Risotto heben, mit Salz und Pfeffer abschmecken und mit restlichem Parmesan verfeinern. Pestorisotto servieren.

8 SmartPoints Wert 1362 kJ | 326 kcal

Try it veggie

Bei Parmesan gibt es einige Sorten, die ohne tierisches Lab hergestellt werden. Diesen Käse kannst du für die Veggie-Variante nutzen.

Chiligarnelen-Chorizo-Bowl

Für 4 Personen **Fertig in 35 Min.** **Davon aktiv 15 Min.**

200 g trockener Naturreis
400 ml Gemüsebrühe
(2 TL Instantpulver)
25 g Chorizo
200 g küchenfertige Garnelen
1 Knoblauchzehe
1 rote Chilischote
1 Salatgurke
2 TL Olivenöl
2 EL gehackte glatte Petersilie

1 Reis nach Packungsanweisung in Brühe statt Salzwasser garen. Chorizo würfeln. Garnelen abspülen und trocken tupfen. Knoblauch in feine Scheiben schneiden. Chilischote waschen, entkernen und hacken. Gurke schälen, längs halbieren, Kerne mit einem Löffel entfernen und Gurke in Stifte schneiden.

2 Öl in einer Pfanne auf mittlerer Stufe erhitzen und Chorizowürfel darin ca. 1 Minute anbraten. Garnelen zugeben und weitere 1–2 Minuten braten. Knoblauchscheiben und Chili zufügen und ca. 2 Minuten mitbraten.

3 Reis und 1 EL Petersilie unter die Garnelen-Chorizo-Mischung heben. Mit Gurkensticks und restlicher Petersilie garniert servieren.

7 **SmartPoints Wert** 1209 kJ | 289 kcal

Schnelles Thai-Curry mit Mie-Nudeln

Für 2 Personen **Fertig in 25 Min.** **Davon aktiv 20 Min.**

1 Knoblauchzehe
je 1 rote und gelbe Paprika
1 Zucchini
4 Frühlingszwiebeln
1 TL Erdnussöl
1 EL rote Curry-Würzpaste
120 g trockene Mie-Nudeln
Salz
100 ml Gemüsebrühe
(1/2 TL Instantpulver)
75 ml fettreduzierte Kokosmilch
1/2 TL Chilipulver
1 EL gehackter Koriander

1 Knoblauch pressen. Paprika mit Zucchini waschen, Paprika entkernen und beides in feine Streifen schneiden. Frühlingszwiebeln waschen und schräg in Ringe schneiden.

2 Öl in einer Pfanne auf mittlerer bis hoher Stufe erhitzen und Knoblauch mit Currypaste darin 2–3 Minuten anschwitzen. Paprika- und Zucchinistreifen dazugeben und ca. 5 Minuten mitbraten. Mie-Nudeln nach Packungsanweisung in Salzwasser garen.

3 Gemüse mit Brühe und Kokosmilch ablöschen und 2–3 Minuten köcheln lassen. Mie-Nudeln abgießen und unter das Gemüse heben. Thai-Curry mit Salz und Chilipulver würzen und mit Koriander und Frühlingszwiebelringen bestreut servieren.

10 **SmartPoints Wert** 1716 kJ | 410 kcal

Hähnchen-Mango-Curry

Für 4 Personen Fertig in 40 Min. Davon aktiv 15 Min.

1 Zwiebel
1 Stück Ingwer (ca. 2 cm)
4 Knoblauchzehen
1 grüne Chilischote
1 Mango
einige frische Curryblätter
450 g Hähnchenbrustfilet
200 g trockener Basmatireis
Salz
3 TL Olivenöl
1 TL Fenchelsamen
1/2 TL Bockshornkleesamen
1 TL Schwarzkümmelsamen
1 TL gemahlener Koriander
1/2 TL Kurkuma
200 ml fettreduzierte Kokosmilch
250 ml Gemüsebrühe (1 TL Instantpulver)
1 TL Limettensaft

1 Zwiebel schälen und würfeln. Ingwer schälen und mit Knoblauch fein hacken. Chilischote waschen, entkernen und in Ringe schneiden. Mango schälen und das Fruchtfleisch in Spalten vom Stein schneiden. Curryblätter waschen und trocken schütteln. Hähnchenbrustfilet abspülen, trocken tupfen und in Würfel schneiden. Reis nach Packungsanweisung in Salzwasser garen.

2 2 TL Öl in einem Topf auf mittlerer Stufe erhitzen, Hähnchenbrustwürfel darin ca. 5 Minuten rundherum anbraten, salzen und herausnehmen. Restliches Öl im Bratensatz auf mittlerer Stufe erhitzen und Zwiebelwürfel darin glasig dünsten. Ingwer, Knoblauch, die Hälfte der Chiliringe, Fenchel-, Bockshornklee- und Schwarzkümmelsamen, Koriander, Kurkuma und Curryblätter zufügen und ca. 3 Minuten mitdünsten.

3 Mit Kokosmilch und Brühe ablöschen, Mangospalten mit Hähnchenbrustwürfeln unterrühren, ca. 10 Minuten köcheln lassen und mit Limettensaft verfeinern. Hähnchen-Mango-Curry mit Salz abschmecken, mit restlichen Chiliringen garnieren und mit Reis servieren.

9 SmartPoints Wert 2031 kJ | 486 kcal

Pilzrisotto mit Spinat und Parmesan

Für 4 Personen   Fertig in 40 Min.   Davon aktiv 35 Min.

10 g getrocknete Wildpilze (z. B. Steinpilze, Pfifferlinge)
1 Liter heiße Gemüsebrühe (4 1/2 TL Instantpulver)
1 rote Zwiebel
2 TL Olivenöl
2 Knoblauchzehen
300 g trockener Risottoreis
500 g gemischte Pilze (z. B. Austern- und Shiitakepilze)
150 g Baby-Blattspinat
Salz, Pfeffer
2 EL geriebener Parmesan

1 Getrocknete Pilze ca. 5 Minuten in Brühe einweichen. Zwiebel schälen und würfeln. 1 TL Öl in einem Topf auf mittlerer Stufe erhitzen, Zwiebelwürfel darin ca. 2 Minuten dünsten, Knoblauch dazupressen, Reis dazugeben und weitere ca. 2 Minuten dünsten. Mit Brühe samt Pilzen ablöschen, bis die Reiskörner knapp bedeckt sind und auf niedriger bis mittlerer Stufe 25–30 Minuten köcheln lassen, dabei regelmäßig Brühe nachgießen.

2 Pilze trocken abreiben und in Stücke schneiden. Spinat waschen und trocken schleudern. Restliches Öl in einer Pfanne auf mittlerer Stufe erhitzen, Pilzstücke darin ca. 10 Minuten dünsten und mit Salz und Pfeffer würzen. Pilzstücke mit Spinat unter das Risotto rühren, mit Parmesan verfeinern und mit Salz und Pfeffer abschmecken. Pilzrisotto mit Spinat und Parmesan servieren.

9 SmartPoints Wert 1475 kJ | 352 kcal

Rotes Paprika-Kürbis-Curry

Für 4 Personen Fertig in 40 Min. Davon aktiv 25 Min.

1 rote Zwiebel
2 rote Paprika
1/2 Butternutkürbis (ca. 600 g)
1 unbehandelte Limette
4 Stängel Koriander
1 TL Rapsöl
2 EL rote Curry-Würzpaste
400 ml Gemüsebrühe (2 TL Instantpulver)
200 ml fettreduzierte Kokosmilch
4 Naan-Brote

1 Zwiebel schälen und in Streifen schneiden. Paprika waschen, entkernen und in Stücke schneiden. Kürbis schälen, halbieren, Kerne mit einem Löffel entfernen und Kürbis würfeln. Limettenschale abreiben und Limette auspressen. Koriander waschen, trocken schütteln und eine Hälfte grob hacken. Öl in einem Topf auf mittlerer Stufe erhitzen, Paprikastücke mit Zwiebelstreifen und Kürbiswürfeln darin ca. 5 Minuten andünsten.

2 Currypaste zufügen, mit Brühe und Kokosmilch ablöschen und ca. 15 Minuten mit Deckel köcheln lassen. Mit Limettenschale, -saft und Koriander verfeinern. Naan-Brote nach Packungsanweisung erwärmen. Paprika-Kürbis-Curry mit Naan-Broten servieren.

9 **SmartPoints Wert** 1506 kJ | 360 kcal

Puten-Fajita-Bowl

Für 4 Personen   Fertig in 50 Min.   Davon aktiv 20 Min.

2 rote Zwiebeln
je 1 gelbe und rote Paprika
100 g Cocktailtomaten
200 g trockener Basmatireis
Salz, Pfeffer
400 g Putenschnitzel
3 EL Limettensaft
1 1/2 EL Fajita-Gewürzmischung
200 g schwarze Bohnen (Konserve)
3 EL gemischte Kräuter (TK)
Salz, Pfeffer
1 EL Olivenöl

1 Zwiebeln schälen, eine Zwiebel in Würfel, die andere in Spalten schneiden. Paprika waschen, entkernen und in Streifen schneiden. Tomaten waschen und in Stücke schneiden.

2 Reis nach Packungsanweisung in Salzwasser garen. Putenschnitzel abspülen, trocken tupfen und in Streifen schneiden. Für dic Marinade 2 EL Limettensaft mit Fajita-Gewürzmischung verrühren. Putenschnitzelstreifen mit Zwiebelspalten, Paprikastreifen und der Marinade in einen Gefrierbeutel geben, vorsichtig verkneten und im Kühlschrank ca. 15 Minuten marinieren.

3 Für die Salsa Zwiebelwürfel mit schwarzen Bohnen, Tomatenstücken, restlichem Limettensaft und 1 EL Kräutern verrühren und mit Salz und Pfeffer würzen. Öl in einer Pfanne auf hoher Stufe erhitzen und Puten-Gemüse-Mischung darin 6–8 Minuten rundherum braten.

4 Reis mit 1 EL Kräutern vermischen und mit Puten-Gemüse-Mischung, Salsa und restlichen Kräutern in einer Schüssel anrichten. Puten-Fajita-Bowl servieren.

6 SmartPoints Wert   1698 kJ | 406 kcal

Kartoffel-Kürbis-Risotto mit Zanderfilet

Für 2 Personen Fertig in 45 Min. Davon aktiv 20 Min.

1/2 Hokkaidokürbis (ca. 500 g)
400 g festkochende Kartoffeln
1 Zwiebel
2 Zanderfilets (à 120 g)
2 TL Rapsöl
Salz, Pfeffer
1 EL gehackter Thymian
300 ml Gemüsebrühe (1 1/2 TL Instantpulver)
1 TL Zitronensaft
1/2 TL Kurkuma
1/2 TL Kreuzkümmel
1 EL Crème légère

1 Kürbis waschen, vierteln und Kerne mit einem Löffel entfernen. Kartoffeln und Zwiebel schälen und mit Kürbis fein würfeln. Zanderfilets abspülen und trocken tupfen.

2 1 TL Öl in einem Topf auf mittlerer Stufe erhitzen und Zwiebel-, Kartoffel- und Kürbiswürfel darin ca. 5 Minuten andünsten. Mit Salz und Pfeffer würzen, mit Thymian verfeinern und mit Brühe ablöschen, bis die Gemüsewürfel knapp bedeckt sind. Kartoffel-Kürbis-Risotto unter Rühren 25–30 Minuten köcheln lassen, dabei regelmäßig Brühe nachgießen.

3 Restliches Öl in einer Pfanne auf hoher Stufe erhitzen, Zanderfilets darin 2–3 Minuten von jeder Seite braten und mit Salz und Pfeffer würzen. Kartoffel-Kürbis-Risotto mit Zitronensaft, Kurkuma, Kreuzkümmel und Crème légère verfeinern, mit Salz und Pfeffer abschmecken und mit Zanderfilet servieren.

6 SmartPoints Wert 1606 kJ | 384 kcal

Auberginen-Paprika-Curry mit Kokosnuss

Für 4 Personen Fertig in 30 Min. Davon aktiv 15 Min.

1 Zwiebel
2 rote Paprika
1 Aubergine
1 TL Rapsöl
225 g trockener Basmatireis
Salz, Pfeffer
1 EL gelbe Curry-Würzpaste
2 TL Tamarinden-Paste
1 EL brauner Zucker
200 ml fettreduzierte Kokosmilch
450 ml heiße Gemüsebrühe (2 TL Instantpulver)
einige Stängel Koriander

1 Zwiebel schälen und in dünne Streifen schneiden. Paprika und Aubergine waschen, Paprika entkernen und zusammen in Stücke schneiden. Öl in einer Pfanne auf mittlerer Stufe erhitzen und Zwiebelstreifen, Paprika- und Auberginenstücke darin ca. 8 Minuten braten. Reis nach Packungsanweisung in Salzwasser garen.

2 Curry-, Tamarinden-Paste und Zucker in die Pfanne geben. Mit Kokosmilch und Brühe ablöschen, mit Deckel aufkochen und auf niedriger Stufe ca. 10 Minuten köcheln lassen. Koriander waschen und trocken schütteln. Auberginen-Paprika-Curry mit Salz und Pfeffer abschmecken, mit Reis und Koriander garniert servieren.

11 SmartPoints Wert 1479 kJ | 354 kcal

Erbsenrisotto mit Käse

Für 2 Personen **Fertig in 45 Min.** **Davon aktiv 30 Min.**

1 Zwiebel
1 TL Rapsöl
150 g trockener Risottoreis
1 Knoblauchzehe
600 ml Gemüsebrühe
(2 1/2 TL Instantpulver)
150 g grüne Erbsen (TK)
100 g Baby-Blattspinat
1 unbehandelte Zitrone
2 EL geriebener Parmesan
Salz, Pfeffer

1 Zwiebel schälen und fein würfeln. Öl in einem Topf auf mittlerer Stufe erhitzen und Zwiebelwürfel mit Reis darin ca. 5 Minuten glasig andünsten. Knoblauch dazupressen und ca. 1 Minute mitdünsten. Mit Brühe aufgießen, bis die Reiskörner knapp bedeckt sind. Auf niedriger Stufe ca. 30 Minuten garen, dabei unter Rühren regelmäßig Brühe nachgießen.

2 Erbsen zum Risotto geben und weitere ca. 5 Minuten garen. Spinat waschen, trocken schleudern und unter das Risotto rühren. Zitronenschale abreiben und Zitrone auspressen. Risotto mit Zitronensaft, -schale und der Hälfte Parmesan verfeinern und mit Salz und Pfeffer abschmecken. Erbsenrisotto mit restlichem Parmesan bestreut servieren.

10 **SmartPoints Wert** 1815 kJ | 434 kcal

Garnelencurry mit Zuckererbsenschoten

Für 2 Personen Fertig in 30 Min. Davon aktiv 25 Min.

300 g küchenfertige Garnelen (TK)
300 g Zuckererbsenschoten
1/2 Bund Frühlingszwiebeln
1 TL Olivenöl
Salz, Pfeffer
1 Stück Ingwer (ca. 1 cm)
100 g mehligkochende Kartoffeln
1 TL rote Curry-Würzpaste
300 ml Gemüsebrühe (1 1/2 TL Instantpulver)
200 g passierte Tomaten (Konserve)
1 Msp. Kurkuma
1/4 TL Kreuzkümmel
1/4 TL gemahlener Koriander
1 EL gehackter Koriander
1 TL Sesam

1 Garnelen auftauen lassen, abspülen und trocken tupfen. Zuckererbsenschoten waschen und diagonal halbieren. Frühlingszwiebeln waschen und in Ringe schneiden. Öl in einer Pfanne auf mittlerer Stufe erhitzen, Garnelen darin ca. 3 Minuten rundherum braten, salzen, pfeffern und herausnehmen.

2 Ingwer und Kartoffeln schälen und fein reiben. Currypaste im Bratensatz kurz anschwitzen, Ingwer und Kartoffeln zugeben, mit Brühe ablöschen und ca. 5 Minuten köcheln lassen.

3 Tomaten mit Kurkuma, Kreuzkümmel, gemahlenem Koriander, Zuckererbsenschotenhälften und Frühlingszwiebelringen zur Sauce geben und auf niedriger bis mittlerer Stufe ca. 5 Minuten garen. Garnelen unterheben, Curry mit Salz und Pfeffer abschmecken und Garnelencurry mit gehacktem Koriander und Sesam garniert servieren.

2 SmartPoints Wert 1352 kJ | 323 kcal

Nudelrisotto mit Chorizo und Paprika

Für 2 Personen **Fertig in 35 Min.** **Davon aktiv 35 Min.**

1 rote Zwiebel
1 gelbe Paprika
2 rote Paprika
4 Scheiben Chorizo
1 TL Olivenöl
140 g trockene Risoni-Nudeln
500 ml Gemüsebrühe
(2 TL Instantpulver)
4 Zweige Thymian
2 Msp. geräuchertes Paprikapulver
Salz, Pfeffer

1 Zwiebel schälen und würfeln. Paprika waschen, entkernen und in kleine Würfel schneiden. Chorizo in schmale Streifen schneiden.

2 Öl in einem Topf auf mittlerer bis hoher Stufe erhitzen und Zwiebelwürfel mit Chorizostreifen darin 3–4 Minuten anbraten. Nudeln und Paprikawürfel zufügen und kurz mitbraten. Mit Brühe ablöschen, bis die Zutaten knapp bedeckt sind und bei mittlerer Hitze 12–15 Minuten garen, dabei unter Rühren regelmäßig Brühe nachgießen.

3 Thymian waschen, trocken schütteln und hacken. Nudelrisotto mit Thymian und Paprikapulver verfeinern, mit Salz und Pfeffer abschmecken und servieren.

11 **SmartPoints Wert** 2019 kJ | 483 kcal

Broccoli-Kokos-Curry

Für 2 Personen **Fertig in 30 Min.** **Davon aktiv 15 Min.**

100 g trockener Basmatireis
Salz, Pfeffer
200 g Blumenkohl
400 g Broccoli
1/2 Bund Frühlingszwiebeln
1 Stück Ingwer (ca. 2 cm)
120 g Kichererbsen (Konserve)
1 Stange Zitronengras
1 TL Sesamöl
1/2 TL Currypulver
1/2 TL Kurkuma
1 Prise Chilipulver
100 ml fettreduzierte Kokosmilch
175 ml Gemüsebrühe (1 TL Instantpulver)
1 EL Kokosraspel

1 Reis nach Packungsanweisung in Salzwasser garen. Blumenkohl und Broccoli waschen und in Röschen teilen. Frühlingszwiebeln waschen und in Ringe schneiden. Ingwer schälen und fein hacken. Kichererbsen abspülen und abtropfen lassen. Zitronengras waschen.

2 Blumenkohlröschen ca. 5 Minuten in Salzwasser vorgaren. Broccoliröschen ca. 2 Minuten vor Ende der Garzeit zufügen, mitgaren und abgießen. Öl in einem Wok oder einer großen Pfanne auf mittlerer Stufe erhitzen und Frühlingszwiebelringe mit Ingwer darin 2–3 Minuten anbraten.

3 Currypulver, Kurkuma und Chilipulver zufügen und kurz andünsten. Mit Kokosmilch und Brühe ablöschen. Zitronengras mit Kichererbsen, Blumenkohl- und Broccoliröschen in den Wok geben und ca. 10 Minuten garen. Kokosraspel fettfrei in einer Pfanne auf mittlerer Stufe rösten. Zitronengras entfernen und Curry mit Salz und Pfeffer würzen. Broccoli-Kokos-Curry mit Kokosraspeln bestreuen und mit Reis servieren.

10 **SmartPoints Wert** 1896 kJ | 453 kcal

Bist du Curry-Fan?

Dann probiere doch auch das leckere WW Gemüse Kokos Curry mit Kichererbsen und Basmatireis für 9 SmartPoints. Erhältlich im Supermarkt und auf weightwatchers-shop.de.

Rinderfiletstreifen und Gemüse auf Salat

Für 4 Personen Fertig in 30 Min. Davon aktiv 15 Min.

1 rote Zwiebel
je 1 rote und orange Paprika
1 Römersalatherz
150 g Avocadofruchtfleisch
500 g Rinderfilet
2 EL Fajita-Gewürzmischung
2 TL Olivenöl
230 g Tomatensauce (Fertigprodukt)
1 EL gehackter Koriander
4 EL Crème légère

1 Zwiebel schälen und in Streifen schneiden. Paprika waschen, entkernen und in Streifen schneiden. Salat waschen, trocken schleudern und in mundgerechte Stücke zerteilen. Avocadofruchtfleisch in Spalten schneiden.

2 Filet trocken tupfen und mit 1 EL Fajita-Gewürzmischung würzen. 1 TL Öl in einer Pfanne auf hoher Stufe erhitzen, Filet darin ca. 3 Minuten von jeder Seite braten, herausnehmen, in Alufolie wickeln und ca. 5 Minuten ruhen lassen.

3 Restliches Öl im Bratensatz auf mittlerer Stufe erhitzen, Zwiebel- und Paprikastreifen mit restlicher Fajita-Gewürzmischung darin 6–8 Minuten dünsten.

4 Filet in Streifen schneiden. 200 g Tomatensauce unter die Paprika-Zwiebel-Mischung rühren. 4 Schüsseln mit Salat auslegen und Gemüsemischung mit Filetstreifen darauf verteilen. Avocadospalten und restliche Tomatensauce auf die Schüsseln verteilen. Rinderfiletstreifen mit Gemüse auf Salat mit Koriander bestreuen und mit Crème légère garniert servieren.

9 SmartPoints Wert 1501 kJ | 359 kcal

Do it yourself

Die Fajita-Gewürzmischung kannst du auch ganz einfach selbst zusammenstellen. Mische dafür je 2 TL Kreuzkümmel, gemahlenen Koriander und Paprikapulver mit 1 Prise Cayennepfeffer.

SmartPoints Register

SmartPoints	Rezept							Seite
0	0-Punkte-Minestrone	●	●			●	●	57
1	Chili-Chicken-Bowl mit Bohnen			●		●		78
2	Frische Erbsensuppe mit Räuchertofu	●	●			●		10
	Garnelencurry mit Zuckererbsenschoten					●		101
3	Bretonische Zwiebelsuppe	●				●		42
	Gemüsecurry mit Tofu	●	●			●		70
	Paprika-Linsen-Suppe mit Kokosmilch	●	●			●		25
	Toskanischer Fischeintopf					●		49
4	Cremige Kürbissuppe mit Cashewnüssen	●						14
	Pastinaken-Karotten-Suppe mit marinierter Putenbrust					●		33
	Ramen-Nudelsuppe mit Geflügelhack				●	●		37
	Würziger Gyroseintopf					●	●	13
	Zucchinicremesuppe mit Mandelsahne	●						46
5	Deftige Krautsuppe mit Kasseler					●		53
	Fenchelrisotto mit Räucherlachs					●		69
	Gemüsesuppe mit Minzpesto	●	●				●	45
	Kohlrabi-Lauch-Eintopf mit Petersilienpesto	●	●					34
	Pikante Grünkohlsuppe					●		17
	Thai-Glasnudelsuppe mit Garnelen					●		29
	Warme Quinoa-Bowl mit Spiegelei	●		●	●	●		73
	Wärmende Fenchelsuppe	●				●		22
6	Blumenkohlsuppe mit Jakobsmuscheln und Speck					●		54
	Kartoffel-Kürbis-Risotto mit Zanderfilet					●		94

einfrieren

Die Kennzeichnung wie zum Beispiel „vegetarisch“, „vegan“, „gluten-“, „laktose-“ oder „nussfrei“ bei den Rezepten ist rein informativ und nicht verbindlich. Es liegt in der persönlichen Verantwortung zu prüfen, ob die verwendeten Lebensmittel die Anforderungen erfüllen.

Alphabetisches Register

Impressum

Redaktion
WW Deutschland
Claudia Braun, Iris Hermann, Ewa Tacke,
Claudia Thienel

Rezepte & Realisierung
Food Professionals Köhnen GmbH, Sprockhövel
Silke Höpker, Dennis Webers, Insa Weißpfennig

Fotografie
Klaus Arras, Carsten Eichner, Dirk Przibylla,
Hubertus Schüler, WW International

Foodstyling
Daniel Blodau, Katja Briol, Maren Jahnke,
Thomas Lauterbach, Stefan Mungenast,
WW International

Bildnachweise
WW International

Gestaltungskonzept & Grafik
Niehaus Knüwer and friends GmbH
Werbeagentur, Düsseldorf
Food Professionals Köhnen GmbH, Sprockhövel

Druck
paffrath print & medien GmbH, Remscheid

1. Auflage 2019

WW (Deutschland) GmbH
www.ww.com
Info-Hotline 0211-3805 3813
ISBN 978-3-9820647-3-4

PEFC zertifiziert. Dieses Papier stammt aus
nachhaltig bewirtschafteten Wäldern und
kontrollierten Quellen. www.pefc.de